OP REIS MET DE FANFARE?

Martine Letterie

Op reis met de fanfare?

Met tekeningen van Rick de Haas

 Zwijsen

Toegekend door KPC Groep te 's-Hertogenbosch.

1e druk 2004

ISBN 90.276.7025.1
NUR 282

© 2004 Tekst: Martine Letterie
Illustraties: Rick de Haas
Uitgeverij Zwijsen B.V., Tilburg

Voor België:
Zwijsen-Infoboek, Meerhout
D/2004/1919/572

INHOUD

1. ONS DORP

'Ons dorp is heel klein. Als je op de kaart van Nederland kijkt, kun je het niet vinden. We zijn niet eens een eigen gemeente. We hebben ook geen gemeentehuis. We horen bij een ander dorp.'

Lotte kauwt op haar pen. Het valt niet mee om een opstel over je eigen dorp te schrijven.

'We hebben geen station. Er stopt ook geen bus. Het is dus moeilijk om ergens naartoe te gaan.'

De voordeurbel gaat. Met een zucht legt Lotte haar pen neer. Ze vindt opstellen schrijven heel moeilijk. Mam doet de deur open.

'Lotte, hier is Harm voor jou!'

Gelukkig, dan kan ze ophouden met schrijven.

Harm komt de kamer binnen. Hij heeft rossig piek-haar en is mager. Hij is Lottes beste vriend vanaf dat ze baby's zijn. Ze wonen naast elkaar en ze zaten al bij elkaar op de peuterspeelzaal.

Nu zitten ze ook bij elkaar in groep 6.

'Ben je met je opstel bezig?' Harm loopt naar haar schrift.

'Ja.' Lotte knikt. Ze krabt eens op haar hoofd. Dat heeft ze vandaag al vaak gedaan. Uit haar donkere vlechten komen van alle kanten pieken.

'Het lukt niet zo.'

Harm gaat aan tafel zitten en draait het schrift naar zich toe. Hij begint te lezen.

Als hij het uit heeft, schuift hij het schrift weg.

Hij trekt een vies gezicht.

'In dat dorp van jou wil ik niet wonen!'

'Waarom niet?' Lotte kijkt beledigd. Ze gooit haar vlechten op haar rug. Die jongen hoeft niet te denken dat hij alles kan zeggen.

'Je zegt alleen maar wat we niet hebben. Zo klinkt ons dorp supersaai. Je moet juist zeggen wat we wél hebben. Maak reclame voor ons dorp, dan wil iedereen hier wonen.'

Lotte haalt haar schouders op en kijkt uit het raam. Ze ziet weilanden, zover ze kijken kan. Een koe staat bij het hek aan de overkant van de weg. Ze kijkt vriendelijk naar binnen.

'Wat hebben wij dan wel? Koeien?'

'Nee, sullerd. We hebben een kerk uit de riddertijd. Die is zo mooi dat mensen van ver komen om hem te zien. We hebben een supermarkt. En je hoeft niet eens een muntstuk in de karretjes te doen, zoals in de stad. Hier brengen mensen ze zo wel terug.'

Lotte trekt haar wenkbrauwen op.

'Onze supermarkt is niet een supermarkt zoals in de grote stad. De bakker verkoopt dingen waarvoor we anders naar de stad moeten. Het is meer een grote winkel, waar je zelf wat kunt pakken.'

Ze kijkt Harm aan. Wat zou hij nog meer verzinnen?

'We hebben een café met een feestzaal, we hebben een dorpshuis …' Harm is even stil. Hij wrijft over zijn neus.

'En daar spelen onze opa's en oma's elke woensdag bingo.'

'Leuk!' Lotte begint te lachen. 'Misschien kunnen we voortaan meedoen.'

'Zou jij dan ergens anders willen wonen?'

Harm zet zijn handen in zijn zij en kijkt haar boos aan.

Lotte kijkt naar buiten. De koe bij het hek kijkt haar aan en loeit. Lotte schiet in de lach.

'Nee, natuurlijk niet. We wonen in een fijn dorp.'

'En je bent het belangrijkste van ons dorp nog vergeten!' Harm kijkt haar triomfantelijk aan.

'We hebben een fanfare!'

'Dat is waar.' Lotte wordt nu ook enthousiast. 'En we hebben niet zomaar een fanfare. We hebben heel goede trompettisten en trombonisten.'

Ze slaat zichzelf op de borst en klopt daarna Harm op zijn schouder. Ze heeft het immers over henzelf. Lotte speelt trompet en Harm trombone.

'Precies, wij zijn geweldig. Schrijf dat maar in je opstel.'

Harm is niet langer boos. Hij gaat aan tafel zitten bij Lottes opstelblaadje.

'Daar kwam ik eigenlijk voor, de fanfare. Wim heeft gebeld over de repetitie morgen. Die begint een half-uur later. Zijn oma heeft haar been gebroken. Dus gaat hij eerst voor haar koken.'

Lotte knikt. 'Dat is ook leuk van ons dorp. We hebben allemaal wat voor elkaar over.'

'Zullen we nog even buiten spelen voor het eten?'

Harm legt het blaadje op de hoek van de tafel.

'Gooi dit maar in de prullenbak. Na het eten begin je

gewoon opnieuw.'

Hij staat op en loopt naar buiten. Lotte gaat met hem mee. Harm heeft gelijk. Ze begint straks wel opnieuw. Dan kan ze er met een frisse blik naar kijken.

Tussen hun huizen loopt een smal, kronkelig slootje. Daarlangs gaan Lotte en Harm naar achteren. Een eind van de huizen staat een oude wilg, precies tussen de twee tuinen in. Daarin hebben hun vaders een hut getimmerd. Met een touwladder kun je erin komen. Het touw is behoorlijk versleten.

'Zullen we een andere trap maken?' stelt Lotte voor.

'Misschien kunnen we een soort trapje timmeren van oude planken.' Harm vindt het meteen een goed plan.

'Achter onze schuur ligt van alles wat we mogen gebruiken.' Lotte loopt erheen en Harm komt achter haar aan.

Hun gesprek over het dorp is Lotte al vergeten. Dat is het fijne van vrienden zijn met Harm. Ze hebben nooit lang ruzie. En ze zijn het bijna altijd met elkaar eens. Én ze houden allebei van timmeren en knutselen.

Eensgezind zoeken ze nu planken bij elkaar. Ze brengen die één voor één naar de hut. De zon staat al laag en het is nog niet warm. Het is al maart, maar het voorjaar is nog niet echt begonnen.

'Eten!' Lottes moeder staat bij de keukendeur. Lotte legt haar plank neer.

'Tot morgen!' Ze loopt in de richting van haar huis.

Dan gaat de keukendeur van Harms huis open. Harms

moeder komt naar buiten.

'Eten!' Harm gooit zijn plank neer en loopt op een drafje achter Lotte aan.

'Tot morgen en succes met je opstel!' Hij verdwijnt zijn huis in.

2. Een stuk in de krant

Na het eten gaat Lotte weer aan haar opstel werken. Ze verfrommelt het blaadje en begint helemaal opnieuw. Haar verhaal wordt nu heel anders. Het wordt nu een blij verhaal in plaats van een boos verhaal.

Eigenlijk schrijft dit veel makkelijker, merkt ze. Ze is ook niet boos op het dorp. Het heeft gewoon zijn voor- en zijn nadelen.

Al schrijvend bedenkt ze steeds meer voordelen. Hier kun je lekker buiten spelen zonder dat je last van verkeer hebt. Elk kind in het dorp woont in een huis met een tuin.

Kinderen in de stad moeten naar de kinderboerderij om lammetjes te zien, maar hier zie je ze bij je opa en oma.

Iedereen in het dorp kent elkaar. Je weet alles van elkaar, dus je hoeft nooit iets uit te leggen.

Lotte schrijft twee bladzijden vol, zomaar.

Mam komt de kamer binnen en kijkt over Lottes schouder mee. Haar ogen vliegen over de regels van het opstel.

'Nou Lotte, pas maar op! Het lijkt wel reclame. Straks wil iedereen hier wonen. Dan is ons dorp niet meer rustig. Dan komen er steeds meer mensen en kennen we elkaar niet meer allemaal.'

Lotte steekt haar tong uit en legt haar pen neer.

'Ik ben klaar!'

Haar kleine zusje Emma zet de tv aan. Lotte schuift naast haar op de bank.

Mam gaat aan tafel zitten en vouwt de krant open.

Lotte vindt het programma waar Emma naar kijkt niet leuk. Het is een beetje kinderachtig. Haar gedachten dwalen af. Zal ze iets anders gaan doen?

Mam staat op. 'Ik ga even naar pap, die is nog in de stal aan het werk.'

Lotte drentelt door de kamer en gaat achter de krant zitten. Ze leest niet vaak de krant. Meestal heeft ze wel iets beters te doen.

Haar blik dwaalt over de foto's en de grote letters. 'Bakker opent nieuwe winkel'. Er staat een foto bij van een bakker uit een ander dorp.

Saai, denkt Lotte.

'Lammetje geboren met twee hoofden'. Jammer, er staat geen foto bij. Hoe zou zo'n lam eruitzien? Lotte kan het zich niet voorstellen. Ze slaat de bladzijde om.

'Wedstrijd fanfares'. Wat zou dat zijn? Lotte verschuift op haar stoel. Hier gaat ze goed voor zitten. Met haar hand bij het artikel leest ze wat er staat:

De provincie is er trots op dat er zo veel fanfares zijn. Daarom organiseert ze een wedstrijd. In de stad Doetinchem wordt een oefenruimte beschikbaar gesteld. Daar kan wekelijks geoefend worden door verschillende fanfares. Een jury bezoekt regelmatig deze repetities.

Na een jaar is er een feestelijke afsluiting, waar alle fanfares mogen optreden. De jury maakt dan bekend welke fanfare gewonnen heeft. De winnende fanfare krijgt nieuwe kostuums en een geldbedrag. Bovendien mag deze fanfare optredens verzorgen in de hele provincie.

Lotte kan haar ogen niet geloven. Een wedstrijd voor fanfares! Nieuwe kostuums! Daar dromen ze met z'n allen al heel lang van. Maar er is nooit geld voor.

De deur van de bijkeuken klapt open. Mam en pap zijn terug van de stal. Lotte springt op en rent naar hen toe.

Pap staat zijn overall uit te trekken. In de bijkeuken hangt een stallucht. Mam wast haar handen.

'Mag ik iets uit de krant knippen?'

Pap kijkt verbaasd op.

'Wat staat er in de krant dat zo belangrijk is?'

Lotte vertelt van de fanfarewedstrijd.

'Ik neem het stuk mee naar de repetitie. Iedereen wil vast meedoen. Stel je voor dat we winnen!'

Mam lacht. 'Dan zou ik eerst maar trompet gaan oefenen. Dat heb je vandaag nog niet gedaan.'

Lotte krijgt een kleur. Dat is waar. Helemaal vergeten!

'Ik wil de krant eerst nog lezen,' zegt pap. 'Als ik hem uit heb, mag je het eruit knippen.'

'Fijn! Dan ga ik nu eerst goed oefenen.' Lotte vliegt de bijkeuken uit. Ze ziet nog net hoe pap en mam naar elkaar lachen. Ze weet best waar dat over gaat. Lotte oefent inderdaad niet altijd even ijverig. Maar ze vindt trompet spelen heus leuk. En het samenspelen met anderen is echt hartstikke leuk.

Wim is een fijne dirigent. Hij neemt iedereen even serieus, kinderen en grote mensen.

De fanfare van hun dorp is in één opzicht heel bijzonder. Er spelen grote mensen in én kinderen.

In de meeste fanfares spelen alleen grote mensen. Voor de kinderen is er dan een apart oefenorkest. Maar omdat hun dorp zo klein is, doen de kinderen gewoon mee met de grote mensen. Zonder de kinderen zijn er immers niet genoeg leden bij de fanfare.

Toen Lotte heel klein was, wist ze al dat ze bij de fanfare wilde. Al die prachtige instrumenten en die mooie muziek! Overal waar de fanfare speelt, is het feest. Wie wil daar nou niet bij horen?

In groep 3 en 4 zaten Lotte en Harm op blokfluitles. Dat moest eerst van Wim, en hij gaf die les ook zelf. Begin groep 5 mochten ze een ander instrument kiezen. Nou ja, kiezen ... Wim zei welke instrumenten er nog nodig waren in de fanfare. En daaruit kozen Lotte en Harm. Lotte koos de trompet en Harm de trombone.

Nu hebben ze al voor het tweede jaar les van Wim. Het gaat best goed, maar het is ook nog heel moeilijk. Lotte is blij dat ze de trombone niet gekozen heeft. Dat lijkt haar nog moeilijker dan de trompet.

Op haar kamer zet ze de standaard voor de muziek klaar. Haar boek doet ze open bij het liedje dat ze moet spelen. Onder haar bed vandaan pakt ze de koffer met de trompet.

Voorzichtig haalt ze haar instrument uit de koffer. Als ze haar trompet ziet, is ze er trots op. Elke keer weer. Hij glanst zo prachtig en hij klinkt ook mooi. Als je er maar goed op speelt. In de verte hoort ze een trombo-

ne. Ze kijkt uit haar kamerraam. Van hieruit kan ze Harms kamer zien. Harm is aan het spelen.
Lotte zwaait en zet dan de trompet aan haar mond.

3. DE REPETITIE

Harm staat bij de keukendeur.
'Ga je mee?'
Lotte lepelt snel de laatste vla uit haar bakje. Met een klap zet ze het bakje op tafel.
'Ik ben klaar!'
Snel schiet ze in haar jack. De koffer met haar trompet hangt ze aan een riem op haar rug.
Harm gaat vast naar buiten.
'Wacht even, Harm. Ik doe nog wel even een muts op. Het is koud.'
Harm zucht. 'Het is met jou ook altijd hetzelfde. Nu is de repetitie een halfuur later, en dan ben je nog niet klaar.'
Lotte zegt maar even niets. Hierover hebben ze al zo vaak ruzie gemaakt.
'Mam, ik ga! Tot straks!'
'Heb je het stuk uit de krant?' vraagt mam.
'Oeps! Vergeten!'
Lotte rent de kamer in. Op tafel ligt het stuk klaar. Ze propt het in haar jaszak. Zo kreukt het wel, maar je kunt het nog best lezen.
Harm staat met zijn fiets op de weg. Mam heeft gelukkig haar fiets klaargezet, anders was ze hele- maal te laat geweest.
Staand op haar trappers fietst ze het pad af naar de weg. Harm kijkt boos, maar hij zegt niets.
'Ik moest nog even dat stuk uit de krant pakken,' hijgt

—

Lotte. 'Je weet wel, over die wedstrijd. Wat ik je op school vertelde.'
'O ja!' Het gezicht van Harm klaart op.
'Het lijkt me super om daaraan mee te doen. Stel je voor dat we winnen … Dan krijg ik eindelijk een nieuw pak. Ik loop steeds in dat oude jasje van Bert. Dat kreeg ik omdat hij eruit gegroeid was. Maar mij is het veel te groot.'
Lotte lacht. 'Het ziet er inderdaad een beetje oenig uit. Als we nou winnen …' Ze kijkt dromerig in de verte.
'Dan krijgen we prachtig glanzende, rode jasjes, met schitterende koperen knopen,' vult Harm aan.

Als ze bij het dorpshuis aankomen, klinkt er al heftig getoeter. Iedereen blaast door elkaar.
'Wim is er nog niet,' hoort Lotte. Dan is het met het lawaai namelijk altijd meteen afgelopen.
Ze zet haar fiets naast die van Harm in het rek.
Even werpt ze een blik op de kerkklok. Mooi, ze zijn toch nog keurig op tijd.
Harm gaat voor haar het dorpshuis in. In hun zaal is het gezellig druk. Sommigen zijn hun instrumenten nog aan het uitpakken, anderen staan al heftig te blazen.
Net als Lotte en Harm klaar zijn, komt Wim binnen.
'Sorry dat ik zo laat ben,' blaast hij. Zijn wangen zijn rood van de kou. En zijn gezicht staat vriendelijk, zoals altijd.
Wim heeft een schildersbedrijf in het dorp. Hij woont

boven de zaak en zijn moeder woont ernaast. Zijn vader leeft niet meer, dus Wim zorgt voor zijn moeder.

'Snel op jullie plaatsen,' zegt hij, terwijl hij zijn jas uittrekt.

In de zaal staan stoelen opgesteld in een halve cirkel. Daarachter staat nog een rij stoelen. Ieder heeft een vaste plaats.

Met een hoop gestommel zoeken de leden van de fanfare hun plaatsje op. Hun muziekstandaard zetten ze bij hun eigen stoel.

Wim heeft een plaats voor de halve cirkel. Hij is tenslotte de dirigent. Hij klapt zijn eigen standaard uit en kijkt om zich heen.

'Kunnen we beginnen? We spelen eerst het stuk *Brass band*, dus neem dat maar voor je.'

Lotte en Harm doen keurig wat hun gezegd wordt.

Harm zit niet naast Lotte. De trombonisten zitten naast elkaar en de trompettisten ook.

De koperen instrumenten zitten bij elkaar. Achter hen staan de slagwerkers opgesteld.

Aan de overkant van de halve cirkel zitten de houten blaasinstrumenten.

Jammer dat Wim zo'n haast heeft, vindt Lotte. Wanneer moet ze nu over dat stuk uit de krant beginnen? Nou ja, misschien lukt het straks, in de pauze.

Veel tijd om erover na te denken krijgt Lotte niet. Er moet nu hard gewerkt worden. Ze moet haar muziek lezen en ook nog op Wim letten. Die geeft bijvoorbeeld aan wanneer de trompettisten moeten invallen. En ook gebaart hij of het harder of zachter moet.

Lotte blaast bijna altijd te hard. Het is moeilijk om het precies goed te doen. Maar hoe lastig het ook is, Lotte geniet. Wat klinken al die instrumenten mooi samen! Als de slagwerker achter haar grote slagen op de trom geeft, krijgt ze kippenvel.

De twee mannen op de bugels blazen de melodie van het stuk. De bugels lijken op trompetten, maar ze klinken heel anders.

Ze repeteren een uur heel serieus zonder onderbreking. Dan tikt Wim op zijn lessenaar met zijn dirigeerstokje.

'Nu nemen we een kwartier pauze,' zegt hij. 'Jullie hebben goed gewerkt. Voor de grote mensen is er koffie en thee in de kantine, voor de kinderen limonade.'

Lotte doet haar trompet in de koffer. Stel je voor dat hij per ongeluk valt! Dan snelt ze naar haar jas en haalt de prop van het krantenknipsel uit haar zak.

Harm komt naast haar staan. 'Zo kan niemand het meer lezen!'

'Jawel, draai je eens om.'

Harm doet wat hem gevraagd wordt. Op zijn rug strijkt Lotte het stuk uit de krant glad.

'Kom, we gaan naar de kantine.'

Harm haalt limonade en Lotte probeert Wim te spreken. Dat valt niet mee, want hij vertelt aan iedereen over zijn moeder.

Eindelijk ziet hij Lotte staan.

'Wil je iets vragen?' Vriendelijk kijkt hij haar aan.

'Ja! Kijk, dit stond gisteren in de krant.' Lotte krijgt er een kleur van. Zo belangrijk vindt ze het.

Ze geeft Wim het gekreukelde stuk. Met één blik weet hij waar het over gaat.

'Ik heb het ook gelezen, Lotte. Het lijkt me heel leuk, maar ik weet zeker dat we een probleem hebben. Het betekent namelijk dat we elke week naar de stad moeten om te oefenen. Dan zullen we ook elke week mensen moeten vinden die ons willen rijden. Dat wordt een enorm probleem.'

Lotte ziet de spijt in zijn ogen. En tegelijk weet ze dat hij gelijk heeft. Omdat er geen trein of geen bus is, moet er voor alles vervoer gezocht worden.

Lotte voelt haar keel dik worden van teleurstelling. Gauw wendt ze haar blik af, zodat Wim het niet ziet. Ze propt het stuk krant in haar broek.

'Pech,' zegt ze. Dan draait ze zich om en loopt naar Harm.

4. De bedevaart van oma

Het is woensdagmiddag en Lotte is bij Harm. Ze zitten aan de keukentafel en doen een spelletje. Buiten regent het pijpenstelen. De regen slaat tegen de ramen van de keuken.

Harm is aan zet en hij denkt na. Hard tikt de klok door de stille keuken. Lotte zucht. Eigenlijk vindt ze het een saai spel.

Dan zwaait de keukendeur open. Een vlaag regen komt binnen. Een zwarte paraplu volgt. De keukendeur gaat weer dicht en op de mat staat de oma van Harm. Die woont in een klein huis dat aan de boerderij geplakt zit. Vroeger woonden de opa en oma van Harm op de boerderij. Nu leeft de opa van Harm niet meer en is de vader van Harm boer. Harms oma woont sindsdien in het kleinere huis.

Nu staat ze op de keukenmat en stampt en briest luidruchtig. Ze schudt haar kleine krulletjes heen en weer. Daardoor vliegen de druppels in het rond.

'Ben je nat, oma?' vraagt Harm lief. Lotte proest. Dat is wel duidelijk.

'Zet jij even thee, Harm? Je vader komt zo uit de stal. Ik zag hem net op het erf.'

'Ik doe het wel,' zegt Lotte. Ze is blij dat ze met het spel kan ophouden. Ze loopt naar het fornuis en pakt de ketel. Bij de kraan vult ze hem. Bij Harm weet ze net zo goed de weg als thuis. En Harms oma voelt net als haar eigen oma. Ze kent haar immers net zolang.

Harm hangt oma's jas boven de verwarming.

Oma schuift aan tafel op Lottes plekje. 'Volgens mij ga je verliezen, Lot.'

Lotte haalt haar schouders op. 'Ik vind mens-erger-je-niet een stom spel.'

'Dat komt omdat je altijd verliest!' roept Harm. 'Je ergert je dus wel,' zegt oma fijntjes.

Op dat moment komt Harms vader binnen. Die doet dat met een stuk minder lawaai dan oma.

Lotte heeft de thee klaar. Harm steekt het lichtje aan en zet het op tafel. Hij pakt de kopjes en Lotte zet de pot op het lichtje.

'Zal ik het spel maar opruimen?' Harm begrijpt dat er nu toch weinig meer van komt.

Lotte knikt en stopt een koekje in haar mond.

'Gister was ik naar de bingo,' begint oma. Lotte en Harm kijken elkaar aan. Daar gaat oma elke dinsdag heen en de verhalen zijn altijd hetzelfde.

'We kregen zo'n goed plan met z'n allen,' gaat ze verder.

Nu gaat Lotte rechtop zitten. Dit klinkt anders dan anders.

'We willen zo graag op bedevaart.'

'Op bedevaart?' Lotte weet niet wat dat is.

'In Kevelaer, net over de Duitse grens, is een heilige plaats,' legt de oma van Harm uit. 'Meer dan driehonderd jaar geleden liep er bij Kevelaer op de heide een marskramer. In die tijd waren er geen winkels, dus gingen er mannen van dorp naar dorp. Die hadden een mand op hun rug met koopwaar erin. Deze marskramer was moe van al dat gesjouw met die mand op zijn rug. Dus rustte hij uit bij een kruisbeeld. Daar bad hij tot Maria.'

Dat snapt Lotte. De oma van Harm is katholiek en gaat elke zondag naar de kerk. Harm en Lotte gaan weleens mee.

'Toen hoorde hij een stem.' Oma's stem wordt vanzelf zachter. 'En die stem zei: "Bouw hier een kapel voor mij." En dat was Maria.'

Lotte vraagt maar niet hoe die man dat wist. Dat vindt oma vast een domme vraag.

'Die man kwam daar weer terug en hoorde de stem tot drie keer toe. Toen heeft hij daar een kapel laten bouwen. Sindsdien gaan mensen er op bedevaart naartoe, om tot Maria te bidden.'

'Maar wat heeft dat nou met de bingo te maken?' Harm wordt ongeduldig. Die heeft het verhaal misschien al vaker gehoord.

'Nu willen we met de bingoclub op bedevaart naar Kevelaer.' Oma kijkt triomfantelijk de tafel rond.

De vader van Harm zegt niets. Hij schenkt thee in en geeft de suikerpot rond. Zijn gezicht is een stuk minder vrolijk dan daarnet.

'En wie gaat jullie brengen?' vraagt hij ten slotte.

'Jij!' zegt oma blij. 'Dan kun je meteen ook op bedevaart.'

De wenkbrauwen van Harms vader trekken samen. Hij slurpt voorzichtig van zijn thee.

'Ik wil helemaal niet op bedevaart,' bromt hij dan. 'Ik

blijf aan de gang, alle olde wieven nog an toe!' Met een klap zet hij zijn theeglas op tafel. 'Ik heb geen taxibedrijf, ik ben boer! Het is elke week raak. Dan moet ik Inge naar een wedstrijd van de volleybal brengen, of er is weer schoolzwemmen, of Corrie heeft een kaartavond. Ik moet voor alles naar de grote stad. En nu zelfs naar Kevelaer! Nog even en ik heb geen tijd meer om mijn koeien te melken.' De vader van Harm windt zich steeds meer op.

'Ik vraag toch niet zo vaak wat,' zegt oma voorzichtig. Harms vader haalt zijn hand door zijn haar. 'Nee moeder, dat doe je ook niet. Maar het gaat niet alleen om jou, maar om het hele gezin. Iedereen heeft elke keer wel wat. En daarvoor moet steeds gereden worden. Dat is gewoon het nadeel van dit dorp.'

'Ik schrijf een brief naar de burgemeester dat we een bushalte willen,' zegt oma flink.

'Dat hebben we al eens gedaan, maar dat hielp niet. Daarvoor zouden de tijden te verschillend zijn. Zo'n bus rijdt immers een lijndienst. Hij gaat niet op bestelling met een klas naar het zwembad.'

'Of met een lading oma's naar Kevelaer,' vult Harm aan.

Gelukkig schiet zijn vader nu in de lach.

'Sorry dat ik zo nukkig doe, moeder. Het is alleen dat je niet de eerste bent met zo'n vraag.'

'Je hebt gelijk,' zegt oma flink. 'We verzinnen gewoon iets anders met de bingoclub. Er moet toch een andere manier zijn om met z'n allen naar Kevelaer te gaan.'

'Vast,' zegt Lotte. Maar diep in haar hart gelooft ze er niet in. En ze denkt aan de wedstrijd van de fanfares. Daar komt ook niets van omdat ze geen vervoer hebben.

5. Nog een stuk in de krant

Oma is weer naar haar eigen huis. En Harms vader is weer naar de stal. Harm en Lotte zitten nog aan de keukentafel. Ze vervelen zich.

'Zal ik een ander spelletje pakken?' stelt Harm voor. Lotte schudt haar hoofd.

'De spelletjes komen mijn neus uit. We doen al dagen niets anders.'

'Zullen we computeren?' Harm is niet voor één gat te vangen.

'Dat doen we ook al zo vaak.' Lotte heeft een rotbui en die krijgt Harm niet zomaar weg.

'Weet je wat?' zegt Harm. 'We pakken oude kranten en daar knippen we stukken uit. Dan maken we onze eigen krant. Met allemaal gekke stukken erin.'

Het lijkt Lotte niet heel erg leuk, maar ze wil niet de hele tijd dwarsliggen.

'Goed dan,' zucht ze. En ze zet haar vrolijkste gezicht op.

Harm loopt naar de bijkeuken en komt met een stapel oude kranten terug. Met een smak legt hij ze op tafel.

'Moet je zien hoeveel!' zegt hij tevreden. 'Er zitten ook nog oude tijdschriften tussen. Daar kunnen we foto's uit knippen.'

Uit een la haalt hij een vel papier.

'Hier kunnen we het opplakken.'

Lotte vouwt een krant uit.

'Kijk, deze had ik van de week ook,' zegt ze.

Lammetje geboren met twee hoofden, ziet Harm.

'Hier, dan knippen we het hoofd van deze popster uit, en dan plakken we er nog een hoofd bij.' Harm is niet te stuiten.

Zo langzamerhand komt Lotte ook in de stemming. Samen verzinnen ze gekke koppen voor hun krant. De woorden knippen ze uit oude kranten. Ze plakken foto's over elkaar of tekenen er wat op.

'Het wordt echt een gave krant!' lacht Lotte. Ze bekijkt de eerste pagina die ze gemaakt hebben.

'Kijk,' zegt Harm dan. 'Hier is dat stuk over de wedstrijd.'

Samen kijken ze er nog eens naar. Lotte zucht. 'Stel je nou voor dat we meededen, en dat we wonnen! Dan krijgen we allemaal nieuwe jasjes. Ik heb nu het oude jasje van Monique. En daarvoor was het van Mara. Het is me veel te groot en de kleur is niet mooi meer…'

'Ik knip het uit en ik bewaar het.' Harm zet zijn schaar in de krant. 'Je weet maar nooit waar het goed voor is. Ik hang het op het prikbord in de keuken. Dan raken we het in ieder geval niet kwijt.'

Intussen vindt Lotte alweer een grappige foto in de krant van een minister. Ze tekent er een snor op.

Ze pakt een volgend stuk krant en slaat het open. *Wedstrijd Stiepel* staat erboven. Lotte giechelt. 'Weet jij wat een Stiepel is?'

'Ja,' zegt Harm. 'Dat weet ik.'

Lotte kijkt hem verbaasd aan.

'Mijn opa Snor woont in een huis van De Stiepel.'

'Goh.' Lotte krabt op haar hoofd. Ze kent opa Snor natuurlijk ook goed. Hij heet zo omdat hij een snor heeft. En de andere opa van Harm had dat niet. Toen Harm klein was, wist hij zo het verschil tussen zijn opa's.

Opa Snor woont in het dorp in een klein huisje voor oude mensen. Het is vlak bij het bejaardentehuis, maar opa woont er wel zelfstandig. En opa huurt dat huisje van De Stiepel. Er is een grote tuin bij. De Stiepel heeft speciaal van dat soort huizen voor oude mensen die van een boerderij komen. Ze kunnen dan nog een moestuin bijhouden, zoals ze vroeger thuis ook deden.

Opa Snor vindt dat heerlijk. Zodra het voorjaar wordt, gaat hij de tuin in. Hij schoffelt en harkt dat het een lieve lust is. Geen tuin in het dorp is zo netjes als die van opa Snor.

'De Stiepel heeft veel meer huizen hier in het dorp. Sommige mensen kopen een huis en andere mensen huren er een bij De Stiepel.'

Lotte buigt zich over de krant. Misschien leest ze iets over De Stiepel wat Harm nog niet weet.

'Ze hebben ook huizen in andere dorpen, hoor.'

Lotte wijst met haar vinger naar de krant.

'De Stiepel bestaat negentig jaar. En daarom hebben ze een wedstrijd.'

Harm kijkt nu ook mee in de krant.

'Wat kan dat voor een wedstrijd zijn? Wie het beste een huis kan huren?'

'Nee ...' Lotte leest ingespannen verder. Het is een moeilijk verhaal en ze wil het zelf graag aan Harm uitleggen.

'Hier staat wie er mee kunnen doen: verenigingen uit de dorpen waar De Stiepel huizen heeft.'

'O,' knikt Harm. 'Wij kunnen dus met de fanfare meedoen.'

'Ja, en oma met de bingoclub.' Lotte knikt wijs. Ze is Harm graag de baas.

'En wat moet je dan doen? Vast geen kleurplaat maken.'

'Wacht even ...' Dat weet Lotte ook nog niet. Ze moet het verhaal twee keer lezen voor ze het snapt.

'Je moet een goed idee inleveren. Een plan waar iedereen in het dorp iets aan heeft. Wie het beste idee heeft, wint. En dan krijgt die vereniging geld om het idee uit te voeren.'

'Bijvoorbeeld ...' Harm piekert zich suf. 'Ja, ik weet het. Je maakt bijvoorbeeld een plan voor een voetbalveldje en dan krijg je geld om dat te maken.'

'Ik denk dat dat niet goed is. Daar heeft niet iedereen iets aan. Jouw oma gaat vast geen balletje trappen met de bingoclub.'

'Ik zeg ook niet dat het meteen een goed plan is!' Harms stem klinkt een beetje boos.

'Ik bedoel meer dat je zo'n soort plan kunt insturen.'

'Dat denk ik wel.' Lotte weet het ook niet helemaal zeker.

Harm haalt zijn schouders op. 'Ik vind het maar een vage wedstrijd. Ik doe liever mee met die wedstrijd voor fanfares.'

Lotte zucht. 'Ja, ik ook, natuurlijk.'

Ze zet de schaar in de krant. 'Ik vind *Stiepel* wel een grappig woord. Kunnen we dat niet voor onze krant gebruiken?'

Dat vindt Harm een goed plan. Ze knippen verder en zetten de wedstrijd uit hun hoofd.

6. De trouwdag van oom Kobus

De fanfare stelt zich op voor het dorpshuis. Het is nog vroeg. De torenklok geeft vijf voor acht aan. Als ze klaar zijn, moeten Lotte en Harm gewoon weer naar school.

Het is koud, maar gelukkig schijnt er wel een voorzichtig zonnetje. Voor het eerst sinds dagen is het droog.

Lotte rilt in het rode jasje dat eerst van Monique was. Op haar hoofd heeft ze de hoge pet die bij het kostuum hoort.

Gelukkig past die wel. Ze kijkt even achterom. Bij Harm zakt hij iets over zijn oren. Zijn moeder heeft er een prop kranten in gedaan, zodat hij niet over Harms ogen zakt.

De tamboer-maître staat klaar. Dat is de man die altijd voorop loopt. Met zijn staf geeft hij de maat aan. Nu zwaait hij met zijn staf om aan te geven dat ze zo vertrekken.

De bugels zetten de melodie in. Lotte tuurt ingespannen op haar muziekblad. Dat staat nu in een klem voor op haar trompet. Zij moet zo invallen; dat mag natuurlijk niet te laat gebeuren!

De tamboer-maître begint in de maat te lopen. De fanfare marcheert er in hetzelfde tempo achteraan. Spelen en lopen is moeilijk, maar Lotte kan het steeds beter.

Vandaag hoeven ze niet ver. Ze gaan naar het huis van

oom Kobus en tante Aggie. Die zijn vandaag twaalf en een half jaar getrouwd. Kobus' broer heeft als verrassing de fanfare ingehuurd.

Kobus en Aggie wonen op een boerderij net buiten het dorp. Maar oom Kobus is geen boer. Hij komt wel uit het dorp, maar hij is anders dan de rest. Hij is violist en speelt in een orkest in de grote stad. Zijn vrouw Aggie is niet in het dorp geboren. Toch vindt ze het gezellig om er te wonen.

Vrolijk muziek makend marcheert de fanfare langs het bord met de naam van het dorp. Nu leidt de tamboer-maître hen een zandpad in. Aan het eind ervan ligt de boerderij van Kobus en Aggie.

Hij staat stil onder het raam van de slaapkamer van Kobus en Aggie. Hij geeft een teken en nu zet de fanfare *Lang zullen ze leven in.*

Lotte blaast op haar mooist. Oom Kobus heeft immers verstand van muziek. Daarom doet ze extra haar best. De hoorns blazen tot slot nog een soort groet. Zou het een speciale groet voor een verjaardag zijn?

De twee ramen van de slaapkamer klappen open. Uit allebei steekt een warrig hoofd. Het ene hoofd is van oom Kobus, het andere van tante Aggie. Als het groet-lied klaar is, beginnen ze allebei te klappen.

'Wat een verrassing!' roept oom Kobus. Hij veegt zijn haar uit zijn gezicht.

'Je broer heeft ons ingehuurd!' De tamboer-maître heft zijn staf en opnieuw zet de fanfare een muziekstuk in.

Dit is een verzoeknummer. Volgens de broer van Kobus is dit zijn lievelingsstuk.

In de verte klinkt een fietsbel. Lotte kan niet achterom kijken, maar ze weet wie het is.

De broer van Kobus natuurlijk. Die komt kijken hoe zijn cadeau bevalt. Knarsend rijdt zijn fiets het grindpad op.

Als hij zijn fiets tegen de appelboom zet, kan Lotte hem zien. Ze weet niet wie er blijer kijkt, Kobus of zijn broer.

'En nu nog iets waarbij je het slagwerk goed hoort,' roept de broer van Kobus.

De grote trom zet in. De slagen trillen door in Lottes buik. Heerlijk vindt ze dat. Het mooiste van de fanfare is het samen muziek maken.

Op zo'n dag als vandaag weet ze niet welk instrument ze het mooiste vindt. De hoorns en de tuba klinken prachtig en de bugel zingt zo mooi. Maar ook haar eigen trompet klonk daarnet zo heerlijk helder.

De fanfare speelt het ene stuk na het andere. Wat is het fijn om te spelen voor iemand die van muziek houdt. Lotte is niet de enige die er zo over denkt. Uit haar ooghoek ziet ze Harm ook genieten. En ondertussen wordt het later en later …

Zou niemand eraan denken dat de kinderen naar school moeten?

Net als Lotte dat denkt, zegt de tamboer-maître:

'We moeten helaas afsluiten. De kinderen hadden allang naar school gemoeten.'

'Ahhh …' De kinderen die tussen de grote mensen

staan, zijn teleurgesteld.

'Zo komen jullie er niet van af!' roept Kobus uit het raam.

'Kom binnen, dan zetten we koffie. De kinderen krijgen warme chocola.'

Lotte ziet de tamboer-maître even naar Wim kijken. Ze grijnst over haar schouder naar Harm. 'We zijn vast niet op school voor de pauze. Dan missen we lekker rekenen én taal!'

Ze praat zachtjes, zodat Wim haar niet verstaat.

'Vooruit,' zegt die. 'Ik bel wel naar school dat het later wordt. De les is nu toch al begonnen.'

'Joepie!' gilt Harm. Hij gooit zijn pet in de lucht.

Met z'n allen drommen ze over het grindpad naar de keukendeur.

'Passen we wel allemaal in de keuken?' bromt de man die saxofoon speelt.

Inmiddels staat oom Kobus bij de deur in een lang nachthemd.

'Loop maar door naar de deel, daar is plaats voor iedereen.'

Lotte ziet sommige leden van de fanfare verbaasd om zich heen kijken. Maar Lotte is hier vaker geweest. Waar bij hen thuis de koeien staan, is hier een grote kamer gemaakt. Op de plaats van de deeldeuren is een heel groot raam. Voor dat raam staat een heel lange tafel. Daar kunnen makkelijk twintig man aan zitten.

'Ik zei het al, plaats genoeg voor iedereen.'

Oom Kobus sleept nog een tafel naast de grote tafel.

Tante Aggie komt de kamer binnen. Ze is inmiddels

aangekleed. Ze draagt een dienblad met dampende koppen koffie. Een poes loopt spinnend langs haar benen.

'Heerlijk!' roepen de grote mensen door elkaar. 'Voor de kinderen komt de chocola zo. Die hebben vast geen haast.' Tante Aggie knipoogt naar Lotte.

'Nee, we hebben inderdaad geen haast!' lacht die.

Dit wordt een fijne ochtend!

7. WARME CHOCOLA

De grote mensen zitten achter hun koffie. Even later brengt Kobus een dienblad met bekers warme chocola. Hij heeft zich inmiddels ook aangekleed. Hij zet het blad voor de kinderen op tafel. Voor hij de bekers uitdeelt, doet hij er een grote toef slagroom op. 'Heerlijk!' Lotte likt haar lippen af. Dit is beter dan haar beker met yogi in de pauze. Ze kijkt om zich heen. Niet alleen de kinderen spijbelen, maar de grote mensen ook! De tamboer-maître is eigenlijk postbode. En die hoornist werkt op het land. Ans, die tuba speelt, werkt bij de bakker.

Ans heeft haar handen om de beker koffie gevouwen. De hoornist blaast tevreden in zijn kopje. Zij vinden het vast net zo'n fijne ochtend als de kinderen.

Kobus en Aggie lopen nog een keer naar de keuken. Nu komen ze terug met lekkere wafels voor iedereen. Het is echt feest.

Kobus schuift aan tafel naast de kinderen.

'Ik vind dat jullie prachtige muziek maken. Goed dat jullie al zo jong leren samenspelen.'

Lotte en Harm zitten te glimmen. Als Kobus het zegt, betekent dat wat. Hij speelt immers in een echt orkest.

'Je zegt het zeker om ons een plezier te doen,' zegt Harm. 'Je houdt vast meer van klassieke muziek. Zoals de muziek die je met het orkest speelt.'

Kobus schudt zijn hoofd. 'Ik houd van veel soorten muziek. Ik houd van klassiek, maar ook van sommige popmuziek en van jazz. En ik ben dol op de muziek van fanfares. Kijk maar.'

Kobus staat op en wenkt hen. Hij neemt Lotte en Harm mee naar een kast vol cd's. Hij haalt er één uit waar een fanfare voorop staat.

'Zie je wel? Anders had ik dit soort cd's toch niet?' Harm lijkt overtuigd.

'Ik vind jullie echt goed. Hebben jullie in de krant gelezen over de wedstrijd voor fanfares?'

Lotte zucht en Harm kijkt overdreven dramatisch naar het plafond.

'Lotte had het stuk uitgeknipt en meegenomen naar de laatste repetitie. Ze heeft het aan Wim laten zien.' Harm knikt in de richting van de dirigent.

Lotte haalt haar schouders op. 'Wim vond het een leuk idee. Maar het wordt heel lastig om mee te doen. Want dan moeten we elke week naar de stad. Er zijn veel kinderen in onze fanfare en die moeten dan steeds gebracht worden. Onze ouders worden er gek van. Ze moeten ons overal met de auto naartoe brengen, naar zwemles, naar wedstrijden van de volleybal en de voetbal. Nou ja, zo kunnen we nog wel even doorgaan.

Nu wil de bingoclub op bedevaart en dan moet er ook weer gebracht worden. Onze ouders zijn het heen en weer rijden zat.'

'Zitten er kinderen op de bingoclub?' Kobus trekt een komisch gezicht.

Harm en Lotte schieten in de lach.

'Nee, mijn oma,' legt Harm uit. 'Maar mijn vader

moet haar ook brengen.'

Kobus knikt bedachtzaam. Ze gaan weer aan tafel zitten. Kobus neemt voorzichtig een slokje van zijn hete koffie.

'Ik kan me voorstellen dat dat een probleem is. Het is fijn om in ons dorp te wonen, maar dit is een nadeel. Daar moet toch iets op te verzinnen zijn.'

Aggie gaat nog eens met de koffiekan rond. 'Willen jullie nog chocola?' Maar de meeste kinderen hebben hun beker nog vol.

Kobus staat op en gaat naast Wim zitten. Lotte stoot Harm aan.

'Volgens mij heeft hij het over de wedstrijd!'

Harm knikt. 'Hij gaat vast nog eens zijn best doen!'

Lotte kijkt naar Wims gezicht. Daaraan kan ze vast zien wat hij zegt. Ze ziet hem knikken en schudden. Eerst kijkt hij vrolijk, dan een beetje droevig. Hij haalt zijn schouders op.

'Het gaat niet goed,' ziet Lotte.

'Was ik al bang voor,' mompelt Harm. Aggie brengt nog een schaal vol lekkers. Ze zet die voor de neus van de kinderen.

'Dan hebben jullie nog wat te doen als zij hun koffie drinken.'

Harm stort zich op de schaal met snoep. Lottes ogen blijven Kobus volgen. Hij staat weer op en keert terug naar de kinderen.

'Sorry, jongens,' zegt hij, als hij aanschuift.

'Jullie hebben gelijk. Wim hoort jullie ouders veel te veel mopperen over het rijden. Ik kan me er iets bij voorstellen.'

'Pech,' zegt Lotte. Ze had er toch al niet meer op gere-kend. Maar het is aardig van Kobus dat hij nog een keer zijn best heeft gedaan. En fijn dat hij hun muziek zo mooi vindt!

Ze ziet dat de meeste grote mensen nu opstaan en hun jassen aantrekken. Jammer, het feest is afgelopen. Ze moeten gewoon weer terug naar school.

'Heb je ook over die andere wedstrijd gelezen?' vraagt Kobus.

'Welke wedstrijd?' Lotte staat op om haar spullen te pakken.

'Die wedstrijd van De Stiepel.' Kobus geeft haar haar trompet aan.

'Ja,' Harm bemoeit zich er nu ook mee. 'In de krant van deze week. Ik vond het maar een vage wedstrijd. Hoe kun je nu winnen met een idee?'

'Ik vind het zo gek nog niet,' mompelt Kobus. En hij krabt eens op zijn hoofd.

Rare kwiebus, die Kobus, vindt Lotte. Eerst praat hij serieus over de wedstrijd voor fanfares. En dan begint hij over zo'n vage andere wedstrijd. Wat heeft dat nou met elkaar te maken?

'We gaan!' roept Wim. 'Koperen bruidspaar, dank jullie wel voor de koffie en chocola. We wensen jullie nog een fijne dag vandaag!'

De hoornist blaast spontaan een groet.

'Kom, kom,' Wim spoort de kinderen aan. 'Dan zijn jullie precies terug aan het einde van de pauze.'

Met elkaar kletsend lopen de leden van de fanfare het

zandpad af, terug in de richting van het dorp. Hun pet-ten staan scheef en sommige jasjes hangen los. Nu is het feest echt afgelopen.

8. Het plan van Kobus

'Schiet nou op!' Ongeduldig staat Harm bij de deur van het dorpshuis. Hij kijkt naar de klok van de toren. 'We zijn al vijf minuten te laat!'

Woest zet Lotte haar fiets in het rek. Ze hijgt zo hard dat ze bijna geen adem meer kan krijgen.

Ze slingert haar trompet op haar rug. Dan rent ze naar de deur. Ze knikt alleen maar en Harm doet de deur open.

In drie stappen staan ze in de oefenzaal. De leden van de fanfare zitten al op hun plaatsen. Het getoeter is nog oorverdovend, want ze zijn aan het inblazen.

'We hebben op jullie gewacht,' zegt Wim. En hij kijkt niet eens boos. Dan ziet Lotte dat oom Kobus naast hem staat. Wat doet die nou hier? Wim gebaart dat ze snel moeten gaan zitten.

Met vuurrode wangen zoekt Lotte haar stoel. Harm zit eerder dan zij.

Wim tikt met zijn stokje op de lessenaar.

'Voor we gaan repeteren, wil Kobus eerst nog iets zeggen.' Wim knipoogt naar Lotte. Die kijkt naar Harm. Waar gaat dit over?

'Lotte en Harm willen graag meedoen aan de wedstrijd voor fanfares,' legt Wim uit. 'Daar heeft een stuk over in de krant gestaan.'

'Jaaa!' Een paar kinderen beginnen te gillen. Die horen blijkbaar voor het eerst over de wedstrijd.

'Nou, nou,' sust Wim. 'Ik heb tegen hen gezegd dat

dat moeilijk wordt.' En hij legt het probleem van het rijden uit.

'Ahhh,' klinkt het nu.

'Maar …' Wim kijkt weer vrolijk. 'Kobus heeft een plan. Een idee waar het hele dorp wat aan heeft.'

Lotte gaat op het puntje van haar stoel zitten. Dit doet haar ergens aan denken, maar ze weet niet waaraan.

'Er is nog een wedstrijd waar we aan mee kunnen doen,' zegt Kobus en hij gaat naast Wim staan. 'Er is een wedstrijd van De Stiepel waar alle verenigingen aan mee kunnen doen. Dus ook de fanfare.'

En Kobus legt uit hoe de wedstrijd van De Stiepel werkt. Lotte begrijpt niet wat dit allemaal met elkaar te maken heeft. Ze kijkt eens naar Harm. Die snapt er zo te zien ook nog niet veel van.

'Ik had het er pas met Lotte en Harm over, dat het zo moeilijk is om ergens naartoe te gaan. Dat geldt niet alleen voor de fanfare, maar ook voor het volleybal-team en voor de bingoclub.'

Kobus kijkt de groep rond.

'En voor de voetbal, en het schoolzwemmen,' vult Wim aan. 'En zo kunnen we nog wel even doorgaan.'

Hier en daar wordt geknikt. Dit verhaal kent iedereen.

'Nu heb ik hiervoor een oplossing,' zegt Kobus. 'We hebben een eigen bus nodig. Die is voor het hele dorp handig. Ik heb een rijbewijs voor een bus en er zijn nog wel meer mensen die dat hebben. Als we een bus hebben, hoeft er steeds maar één persoon te rijden. En niet alle vaders en moeders van het hele dorp. We dienen het idee voor de dorpsbus in bij De Stiepel. Het is immers een plan voor het hele dorp. Als we winnen, betalen zij de bus.'

Lotte springt op van haar stoel. 'Wauw, wat een plan! Nu snap ik het!'

Harm kijkt om. 'Gelukkig maar.' Hij lacht. Met een kleur gaat Lotte weer zitten.

'Doe niet zo flauw. Het is toch een goed plan.' Maar ze kan zichzelf nauwelijks verstaan. Iedereen praat en roept door elkaar. Lotte is niet de enige die het een goed plan vindt.

Kobus en Wim staan glimlachend naar de fanfare te kijken. Na een poosje tikt Wim weer op zijn lessenaar. Het wordt langzaamaan weer stil.

Harm steekt zijn vinger op. 'Hoe moet dat dan?'

'Dat gaan we jullie vertellen.' Wim knikt naar Kobus.

'De wedstrijd is voor verenigingen,' gaat Kobus verder. 'Dus jullie moeten het plan indienen. De Stiepel heeft een website. Daar staat op hoe het moet. Ik heb gekeken en het lijkt niet moeilijk. Jullie moeten een videofilmpje maken. Daarin moet je uitleggen wat het idee is, en voor wie het goed is.'

Het wordt stil. Dat klinkt toch nog lastig. Maar Kobus gaat verder.

'Dat lijkt moeilijker dan het is. Ik heb een camera. En daar kan ik mee filmen. We kunnen een paar mensen uit het dorp interviewen. Die laten we vertellen waar ze heen willen en hoe moeilijk het is.'

Lotte gaat staan. 'Misschien kunnen de kinderen met elkaar een bus maken, van dozen of zo. Dan kunnen we die ook filmen.'

'Goed idee, Lotte!' Kobus steekt zijn duim op.

Nu roepen alle kinderen door elkaar.

'De oma's gaan we interviewen over hun bedevaart!'

'We gaan een lied maken!'

Gelijk zet een man met een zware stem in:

'We willen een bus, tatata ...'

Een tuba valt bij en ineens klinkt het heel echt.

Lotte ziet dat Harm van zijn stoel rolt van het lachen.

Al winnen ze de wedstrijd niet, het wordt heel leuk om eraan mee te doen.

'Zullen we nog repeteren?' roept Wim boven het lawaai uit.

Niemand luistert. Kobus loopt naar de grote trom en geeft er een enorme klap op.

Nu is iedereen in één keer stil. 'Ik wil een clubje om de video mee voor te bereiden. Dat kunnen we niet met z'n allen doen. Wie wil er meedoen?'

De vingers van Harm en Lotte schieten omhoog. Nog veel meer kinderen vinden het leuk. Ook wat grote mensen steken hun hand op.

'Lotte en Harm, want jullie kwamen met plannen voor een wedstrijd,' beslist Kobus.

'En Piet, jij hebt altijd goede ideeën.' Kobus knikt naar een van de saxofonisten.

'Als we ons plan klaar hebben, hoort de rest het. We hebben straks nog veel meer mensen nodig voor het filmen. Dus wees niet teleurgesteld!' Kobus knikt naar een meisje dat met een pruillip zit.

'We gaan die bus winnen!' Hij zwaait en vertrekt. Bij

de deur draait hij zich nog één keer om: 'Ik wens jullie een fijne repetitie!'

9. DE VIDEOFILM

Het is net pauze geweest en groep 6 dromt het lokaal in. De kinderen praten opgewonden met elkaar. Ze mogen vanochtend in de klas aan de film werken. Ze doen wat Lotte heeft bedacht. Ze hebben een hele verzameling grote dozen bij de bakker gehaald. Die zijn zo groot dat in iedere doos een kind past. Nou ja, vanaf de knieën tot de schouders. Straks kunnen ze lopen met een doos aan hun lijf.

Juf Wendy heeft een paar tafels aan elkaar geschoven. Daar legt Harm nu oude kranten op. En Lotte maakt schotels met gele verf.

'De dozen worden de bus,' legt ze aan de anderen uit. 'We maken op elke doos aan twee kanten een raampje. De rest verven we geel. Als het klaar is, gaan tien kinderen in de dozen. Die lopen achter elkaar in een rij. Ze vormen samen een bus. Die filmen we dan.'

Ze kijkt rond om te zien of iedereen het snapt. De kinderen om haar heen knikken.

De hele ochtend werken ze ingespannen. Lotte en Harm schilderen de ramen op de dozen. De andere kinderen verven ze geel. Om twaalf uur gaat de bel, net als juf voorstelt de verf nu maar op te ruimen.

'Wat zijn ze mooi geworden!' Enthousiast bekijkt juf Wendy de dozen. 'Volgens mij wordt dat een prachtige bus!'

'Zaterdag gaan we filmen,' vertelt Harm.

'Dan zijn de dozen toch wel droog, hè?' Lotte is

bezorgd. Er mag niets misgaan met de film. Die bus moeten ze winnen!

Het is woensdag. Lotte en Harm hebben haast om naar huis te fietsen. De hele middag vrij én ze gaan iets leuks doen!

Naast elkaar rijden ze het dorp uit. In de wei staan overal lammetjes. Het gras begint weer te groeien en het ruikt naar voorjaar. Lotte haalt diep adem. Heerlijk is het buiten.

'Jammer dat we vandaag niet naar buiten kunnen,' vindt Harm.

'Filmen is nog leuker!' Lotte fietst het laatste stuk staand op haar trappers.

Bij Harms huis stappen ze af. Lotte blijft vanmiddag bij Harm eten. Zijn oma komt ook. En … Kobus komt met zijn camera. Lotte en Harm mogen oma interviewen over de bedevaart. Kobus gaat het filmen.

Als ze de keuken in komen, is Kobus er al. Hij zit lekker onderuitgezakt met een kop koffie voor zich. Op tafel ligt de camera.

'Gaan we gelijk beginnen?' roept Harm.

Kobus lacht. 'Nee, zeg! Ik heb honger. En je vader heeft net beloofd dat hij pannenkoeken gaat bakken.'

Harms vader komt uit de bijkeuken. 'Ik moest nog even mijn handen wassen. Jullie hebben toch wel trek in pannenkoeken?'

'Ja!' Lotte roept bijna nog harder dan Harm. 'Heerlijk! Pannenkoeken!'

Op dat moment komt de oma van Harm binnen. 'Hoor

ik dat goed?' Haar bruine ogen twinkelen onder haar grijze krulletjes. 'Dat plan van jou vind ik nu al geweldig, Kobus. Al is het maar omdat we nu pannenkoeken krijgen.'

Vader laat het eerste boterklontje in de pan glijden. Het beslag staat klaar op het aanrecht.

'Laten we maar snel beginnen, want jullie moeten nog aan het werk.'

Nog geen halfuur later zitten ze allemaal voldaan achter een leeg bord.

Dan geeft Kobus een klap op tafel. 'Zo, en nu gaan we beginnen!'

Als een haas ruimen Lotte en Harm de tafel leeg. Harm haalt een blaadje met vragen van zijn kamer; die hebben ze gisteren al voorbereid.

Oma gaat nog even naar de gang om haar haar te kammen. Dan gaat ze keurig recht bij de keukentafel zitten. Kobus zoekt een plekje op de koelkast.

'Van hier kan ik het prima filmen,' zegt hij, terwijl hij door de camera kijkt.

'Begin maar, jongens!'

'Oma, u wilt op bedevaart naar Kevelaer. Waarom is dat voor u belangrijk?'

Oma geeft antwoord. Het is maar goed dat ze gisteren al even geoefend hebben. Nu weet oma dat haar antwoord kort moet zijn. Gisteren kletste ze maar door.

'Hoe gaat de bingoclub naar Kevelaer?' vraagt Lotte.

'Dat weet ik nog niet,' zegt oma en ze kijkt heel zielig. Even is het stil in de keuken.

'Prachtig!' roept Kobus dan. 'Hier gaat de jury vast van huilen, zo zielig klinkt het.'

Zo interviewen ze die week nog meer mensen. De burgemeester vertelt waarom er geen bushalte kan komen. De voorzitter van de voetbalclub zucht zorgelijk over de uitwedstrijden. En een moeder klaagt over het rijden voor het schoolzwemmen.

Op zaterdag is het hoogtepunt: dan wordt de bus van de kinderen gefilmd. Maar dat gebeurt niet zomaar. Ze doen dat op de deel bij Kobus. En de voltallige fanfare speelt een lied, dat ze *Wij willen een bus* hebben genoemd.

Lotte en Harm kunnen niet meedoen met de bus. Zij moeten immers spelen.

Wim dirigeert en juf Wendy begeleidt de 'bus'. Alle kinderen staan keurig achter elkaar.

'Ja, nu!' roept Kobus.

De kinderen beginnen op een vreemde manier over de deel te lopen.

Wim tikt op zijn lessenaar en de fanfare begint te spelen. Lotte blaast maar een beetje zachtjes. Wat klinkt de muziek hard, hier op de deel!

De poes van Kobus vindt dat ook. Luid mauwend loopt ze weg. Haar staart houdt ze beledigd in de lucht.

Harm beweegt de schuif van zijn trombone op en neer.

Lotte kijkt tussendoor naar de bus, die ze zelf geschilderd hebben. Hij ziet er prachtig uit!

Maar Kobus is niet tevreden.

'Jongens, jullie lijken meer op eenden dan op een bus.
Dat lopen moet over. Doe het maar op de maat van de
muziek. Begin tegelijk met je rechterbeen.'

De bus loopt weer terug naar het begin.

Wim zet opnieuw in, Kobus filmt en de bus loopt.

Als we nu niet winnen ... denkt Lotte. En ze voelt haar
buik kriebelen.

10. Toch naar de stad

Pap en mam lopen al dagen met elkaar te smoezen. Als de telefoon gaat, rent mam erheen. Lotte mag niet horen wat er besproken wordt.

Maar gek genoeg gaat het een beetje langs Lotte heen. Ze heeft niet echt in de gaten wat er gebeurt. Ze denkt aan de wedstrijd van de bus en aan het filmpje. In gedachten ziet ze steeds de fanfare in een glimmende, gele bus. Ze kan de nieuwe bekleding ervan al bijna ruiken. Stel je toch voor dat ze de bus winnen!

Elke dag voor het slapen gaan zet Lotte een kruisje op de kalender. Zo houdt ze bij hoeveel dagen het nog duurt voordat de uitslag komt.

Nu staat ze weer met een blauwe stift bij de kalender. Ze heeft haar pyjama al aan en haar tanden al gepoetst. Nu nog een kruisje.

'Lotte,' zegt mam. En ze kijkt haar aan met een heel speciale blik. Pap komt naast mam staan en slaat een arm om haar heen.

'We hebben goed nieuws. We hebben met alle ouders van de kinderen op de fanfare overlegd. We hebben gemerkt hoe graag jullie met de wedstrijd voor de fanfares willen meedoen. En daarom willen we jullie graag elke week naar de stad brengen. Wim heeft gebeld. De fanfare van ons dorp is ingeschreven. Morgenavond om zeven uur is de repetitie in de grote stad.'

Lotte kijkt ongelovig van de een naar de ander.

'Mogen we meedoen? Gaan jullie ons het hele jaar brengen?'

Pap knikt. 'Wij wonen hier omdat wij het fijn vinden. Dus moeten we af en toe meer rijden dan andere mensen.'

'Ik vind het hier ook fijn,' zegt Lotte uit de grond van haar hart. 'En ik vind het super dat we naar de wedstrijd mogen!' In één stap staat ze bij pap en mam. Ze probeert haar armen om hen allebei tegelijk te slaan.

Die knuffelen haar stevig terug. 'Ga nu maar gauw naar bed. Morgenavond wordt het vast laat.'

Lotte rent de trap op naar boven. Voor ze naar bed gaat, loopt ze nog even naar het raam. Ze schuift haar gordijn opzij. Zou Harm het al weten?

Op dat moment schuift het gordijn van Harm opzij. Die verschijnt voor het raam met een stralend gezicht. Hij houdt zijn trombone omhoog. En dan steekt hij een duim in de lucht. Lotte zwaait terug. Ook zij steekt haar duim in de lucht.

Mam steekt haar hoofd om de hoek van de deur. 'Lig je er nu nog niet in?'

Met één sprong ligt Lotte in bed. 'Jullie zijn superouders. We gaan heel erg ons best doen bij de wedstrijd. We zullen die jury eens wat laten horen!'

Mam lacht. 'Dat dacht ik al. Maar nu moet je slapen!'

Lotte wil best slapen, maar het duurt deze keer lang voordat ze in slaap valt. Er gebeuren ook zo veel leuke dingen!

11. DE EERSTE KEER

Alle leden van de fanfare verzamelen bij het dorpshuis. Wim regelt het vervoer.

'Lotte en Harm, jullie gaan bij Piet in de auto.' Voorin naast Piet zit een vrouw die tuba speelt. Haar man heeft haar auto nodig voor de kaartclub.

En tussen Harm en Lotte zit Els. Die zit nog maar net op de fanfare. Ze speelt saxofoon. Ze is een beetje stil.

'Vind je het niet leuk?' vraagt Harm, als Piet wegrijdt.

'Tuurlijk wel, maar ik kan het nog niet zo goed. Ik zit nog maar net op les. Dadelijk verpest ik het voor jullie allemaal.' Els duwt haar handen tussen haar knieën.

Lotte knikt. Dat gevoel kent ze nog van het begin. En toen ging het niet eens om een wedstrijd.

'Ik blaas gewoon zo hard dat ze jou niet horen!' roept Piet voorin.

'Dat is juist ook het goeie van onze fanfare,' vindt Harm. 'Bij ons kan iedereen meedoen. Ook de beginners. Misschien winnen we juist daarom.'

Els lijkt niet echt overtuigd. Maar volgens Lotte probeert ze wel iets vrolijker te kijken.

'Daar is het,' wijst Piet na een tijdje. Ze rijden het parkeerterrein op van een grote sporthal.

'Zijn er nu ook nog andere fanfares?' Lotte is ineens bezorgd. Er is hier natuurlijk plek zat. Maar het lijkt haar niets om door elkaar te blazen. Wat een herrie zal dat zijn!

'Nee, gekkie.' De vrouw van de tuba lacht. 'Dat kan

toch nooit! We hebben precies anderhalf uur om te oefenen. Dan komt de volgende club. Wij mochten vroeg, omdat we van ver komen.'

'En omdat we kinderen in de fanfare hebben,' vult Piet aan.

Ze stappen uit. De trompet van Lotte zit nog in de achterbak, en de instrumenten van Piet en Els ook. De anderen hadden hun instrument op schoot, want er kon niets meer achterin.

Op een kluitje dromt de fanfare de grote zaal binnen. Dit is wel wat anders dan hun dorpshuis! Het plafond is hoog en de zaal is enorm groot. Ergens voor de tribunes staan standaards voor muziek opgesteld, met een stoel erbij. Keurig in een halve cirkel, net zoals in het dorpshuis. Dat ziet er nog een beetje vertrouwd uit.

Op de tribunes zit een groepje mensen klaar. Ze hebben blocnotes op hun schoot.

'Dat is vast de jury,' fluistert Harm.

Wim loodst ze naar de standaards.

'Neem snel je plaatsen in, dan kunnen we onze tijd goed gebruiken,' zegt hij.

Dan loopt hij naar de jury om de leden een hand te geven.

Als hij terugkomt, zit de hele fanfare klaar. Er wordt veel minder gekletst dan anders. Zeker omdat iedereen nog een beetje moet wennen. Bovendien zit die jury erbij.

Wim tikt op zijn lessenaar. 'Jongens, het is natuurlijk wennen in deze grote zaal. Het zal vast anders klinken. Maar vergeet niet: we zijn de beste fanfare van ons dorp.'

Lotte schiet tegelijk met de rest in de lach. Wim heeft gelijk. Ze snapt wat hij bedoelt: vertrouw op jezelf, dan komt het vanzelf goed!

12. DE UITSLAG VAN DE WEDSTRIJD

'Kom je spelen?' vraagt Lotte aan Harm. Ze staan met hun fietsen langs de weg. Ze zijn net terug uit school.

'Nee.' Harm schudt zijn hoofd. 'Ik moet nog trombone oefenen. Morgen hebben we weer repetitie.'

'Dat is waar.' Lotte kijkt gelijk ernstig. Ook zij oefent veel meer, nu ze aan de wedstrijd meedoen. Het lijkt net of het spelen nu nog belangrijker is.

Ze fietst door naar haar eigen huis. Harm is net iets eerder binnen dan zij. Als Lotte met haar fiets bij de schuur is, komt Harm zijn huis al weer uit rennen.

'Lotte,' gilt hij opgewonden. Hij rent naar de sloot tussen hun huizen. Aan de rand blijft hij staan.

'Het Jeugdjournaal heeft gebeld. Om vier uur moeten we klaarstaan met de fanfare bij het dorpshuis. Ze komen filmen!' roept Harm.

'Het is nu halfvier!' bedenkt Lotte. 'Dan moeten we meteen weer terug.'

Ze keert haar fiets op het pad.

'Vergeet je trompet en je kostuum niet!' roept Harm nog. Hij rent zijn eigen huis alweer in.

Nog nooit heeft Lotte zo snel haar spullen gepakt. Met de fanfare op het Jeugdjournaal!

Ze vraagt zich niet af waarom er gefilmd wordt. Daarvoor heeft ze veel te veel haast.

Staand op hun trappers fietsen Lotte en Harm naar het dorp. Wat lijkt die weg ineens lang! Ze zeggen niets tegen elkaar; dan kunnen ze sneller fietsen.

Voor het dorpshuis is het al een drukte van belang. De leden van de fanfare zijn al aan het inblazen. Lotte en Harm gooien hun fietsen bij het rek.

'Zit mijn jasje goed?' vraagt Harm.

Lotte trekt zijn jasje recht, en hij het hare. Ze controleren ook elkaars pet. Dan knikken ze tegelijk naar elkaar. Hun kostuums zitten goed zo. Bij hun fiets pakken ze hun instrumenten uit. De koffers ervan kunnen dan in hun fietstas.

Daar zijn mam en pap met Emma. Pap is nog in zijn overall. Ze hebben het ook nog maar net gehoord.

Harms oma komt nu ook aanfietsten.

'Wat is er toch aan de hand?' vraagt ze. Haar wangen zijn nog rood van het fietsen.

'Ik weet het niet.' Harm zet nu de trombone aan zijn mond. Lotte blaast al op haar trompet.

Ze hebben nu geen tijd om te praten. Eerst willen ze inblazen en dan hun plek zoeken.

'Harm, Lotte!' Wim loopt rond om de laatste leden van de fanfare aan te sporen.

'Iedereen moet zijn plaats innemen!'

Net als Lotte op haar plekje staat, ziet ze de camera van het Jeugdjournaal. En daar is het meisje dat het presenteert. Die heet ook Lotte.

De kriebels golven op in Lottes buik. Ze komen op tv!

'Zijn jullie klaar?' vraagt een meneer naast de camera.

'Dat is de regisseur,' weet de trompettist naast Lotte.

'We spelen het nummer *Wij willen de bus*,' zegt Wim.

Hij heft zijn stokje in de lucht.

Vreemd lied om nu te spelen, denkt Lotte. Maar dan moet ze blazen en noten lezen. Tijd om over andere dingen na te denken heeft ze niet meer.

'Ohhh!' roepen de mensen aan de overkant van de straat. Ze klappen in hun handen.

Lotte kijkt op van haar muziekblad. Waar klappen de mensen voor? Hun lied is nog niet klaar!

'Doorspelen!' Wims stem is zacht maar dringend.

Lotte is niet de enige die even vergeet te blazen.

Want er rijdt een glanzende, gele bus voor. Hij parkeert precies voor de fanfare. De burgemeester komt eruit. Hij heeft zijn ketting om. Na hem stappen nog een paar deftige mannen uit.

Dan is het lied afgelopen en de mensen langs de kant klappen weer. En nu heeft Lotte ook de tijd om 'Ohhh' te roepen. En met haar roepen veel leden van de fanfare dat.

Een van de deftige heren heeft een microfoon.

'Geachte leden van de fanfare. Mijn naam is Westbroek. Ik ben de directeur van De Stiepel. Ik ben hier in verband met de prijsuitreiking van onze wedstrijd. Ik heb goed nieuws: De fanfare van dit dorp heeft gewonnen!'

Alle mensen langs de kant en de leden van de fanfare barsten in gejuich uit.

'Van uw idee kunnen de meeste mensen meegenieten. We vinden het ook een origineel plan. En we hebben besloten het meteen uit te voeren.' Hij wijst achter

---

zich naar de gele bus.

'Hier is uw bus!' Dan kijkt hij om zich heen.

'Aan wie zal ik de sleutels overhandigen?'

'Aan Kobus!' Het klinkt als uit één mond. 'Kobus, Kobus, Kobus!' roepen de leden van de fanfare.

Met een rood hoofd stapt Kobus naar de directeur. Hij stond tussen de mensen aan de overkant. Van alle kanten flitsen lampen van fotografen. De cameraman van het Jeugdjournaal komt dichterbij.

'Het kwam door Lotte en Harm,' zegt Kobus. 'Zij vertelden mij dat er altijd problemen waren met vervoer.'

Lotte en Harm worden naar voren geduwd. Zo komen ze naast Kobus te staan. De directeur geeft hen een hand. En weer flitsen de lampen van de fotografen.

We komen op het Jeugdjournaal! denkt Lotte.

'Ik heb een idee,' zegt Harm dapper.

Hij pakt de microfoon van de directeur.

'Ik weet een naam voor de bus. We noemen hem de Ko-Bus. Want Kobus heeft het tenslotte bedacht.'

'Wat een goed idee!' De stem van de directeur klinkt hard door de microfoon. En alle mensen klappen weer. Daarmee zeggen ze vast dat ze het een goed idee vinden.

'Nou,' zegt Kobus nu. 'Laten we er dan Co-Bus van maken, met een C. Want Co betekent "samen". En de bus is immers voor ons hele dorp samen.'

'We zullen de naam erop laten schilderen,' zegt de directeur. En hij slaat Harm op zijn schouder.

Lotte kijkt nog eens naar de bus. Wat is het een prachtige bus! Net zo geel als ze had gehoopt. En nu kunnen ze voortaan overal naartoe.

Ze lacht naar Harm. 'Goed idee, die Co-Bus!'

Ik houd zelf het meest van verhalen die echt gebeurd zijn. Vandaar dat in bijna al mijn boeken wel iets te vinden is wat echt gebeurd is ...

Ook in dit boek is dat het geval. Ik woon zelf in een dorp, maar dat is wel iets groter dan dat van Harm en Lotte. Ik vind het heel fijn om in een dorp te wonen. En ik ken veel kinderen die dat ook vinden. Vandaar dat ik vond dat er een gezellig dorpsboek moest komen.

De woningbouwvereniging De Stiepel bestaat echt en bestaat ook negentig jaar. Er was ook werkelijk een wedstrijd voor dat jubileum. Alle dorpen bij mij uit de buurt konden meedoen. En ik mocht in de jury zitten. Een vereniging uit een heel klein dorp stuurde het idee van een bus in. De jury vond dit een geweldig voorstel. Dat won dan ook de wedstrijd.

De bus uit hun voorstel heette ook Co-Bus, net als de bus in dit boek. Alleen was de vereniging die het voorstelde geen fanfare, maar een club van volwassenen die veel ideeën had. Ik heb er een fanfare met kinderen van gemaakt, omdat ik dat veel feestelijker vond. En het moest natuurlijk over kinderen gaan en niet over grote mensen.

Bovendien zijn er héél veel kinderen in dorpen én steden die allemaal bij een fanfare spelen. En voor hen heb ik dit boek geschreven.

Veel plezier ermee én ... blijf muziek maken!

Martine Letterie

Ik werd op 12 december 1958 in Amsterdam geboren, op de dag dat mijn ouders naar Diemen verhuisden. Daar woonde ik tot mijn tweede op een woonboot. Toen verhuisden we naar een flat in Voorburg.

Na de middelbare school studeerde ik Nederlands in Utrecht. In 1985 was ik klaar. Mijn hoofdvak was Middelnederlandse letterkunde, de verhalen van de Middeleeuwen dus. Vandaar dat ik nog steeds graag over ridders schrijf.

Na mijn studie werd ik lerares Nederlands in Zutphen en Doetinchem. Voor de klas staan vond ik erg leuk. Aan de pabo in Doetinchem gaf ik een paar jaar les over jeugdliteratuur. En dat was helemaal geweldig! Ik was namelijk allang dol op kinderboeken.

Daardoor kwam ik van 1990 tot 1993 in de Griffeljury. De juryleden bepalen met elkaar wat ze de mooiste kinderboeken van het afgelopen jaar vinden. Toen ik erin zat, las ik van oktober tot mei één boek per dag. Dan moet je dus echt gek op lezen zijn en dat ben ik gelukkig ook.

In 1996 verscheen mijn eerste kinderboek. En in 1997 hield ik op met lesgeven om alleen nog maar te schrijven. Niet alleen mijn eigen kinderboeken, maar ook voor schoolboeken en over kinderboeken. Nu, in 2004, heb ik al 33 boeken geschreven. Ondertussen ben ik ook nog getrouwd en moeder van drie kinderen.

GERARD TONEN

Verhalen van een vieze familie
'Ik wil een boek over onze familie schrijven,' zei ik.
'O leuk,' zei mijn moeder wantrouwend. 'En waar ga je
dan over schrijven?'
'Over ons, over al die vieze verhalen.'
'Ben je nou helemaal gek geworden?' gilde mijn moeder.
'Het is al erg genoeg dat al die dingen bij ons gebeuren.
Daar wil je toch niet over praten?'
Maar dat wil ik wel. Ik wil vertellen over alle vieze din-
gen, en ook over het verdriet van mijn moeder.

Met tekeningen van Georgien Overwater

HENK VAN KERKWIJK

De neus

Kijk, als kind had meneer Hallikidee geen last. (Toen
lachten ze alleen maar om zijn naam.) Maar later, later
ging het mis. Zijn neus groeide en groeide en groeide ...
Eerst zo lang en spits als een balpen. Toen zo fors als een
Schiedamse tram. Daarna zo bol als een luchtballon. Was
er dan niets aan te doen?

Met tekeningen van Mark Janssen

Elisabeth Marain

De verboden tuin van Bonadea
Drie kinderen staan voor de poort van een reusachtig
gebouw. Ze kennen elkaar niet en weten ook niet hoe ze
daar gekomen zijn. De kinderen komen uit Bitonna, het
continent waar kinderen uit kweekvijvers komen en geen
ouders hebben. Lotta kan de ingewikkeldste computers
in elkaar zetten, Kal spreekt alle talen vloeiend en Wado
maakt van afvalmateriaal de mooiste voertuigen. Met z'n
drieën lukt het hen om de verboden tuin van Bonadea
binnen te komen.

Met tekeningen van Marjolein Pottie

ANKE KRANENDONK

De rode tas
Het werk zit erop. Ook voor Knelis, die
diamanten slijpt. Hij loop het gebouw uit,
maar gaat weer terug. 'Iets vergeten,' zegt
hij tegen de portier. Even later komt hij
terug met een grote, rode tas.
Rosa bakt een appeltaart. De taart gaat in de tas, boven op
de schone was voor oma. Daar gaat
Rosa, met de grote, rode tas.
Allebei een rode tas. Niets aan de hand.
Totdat ze verwisseld worden ...

Met tekeningen van Alice Hoogstad

ELS DE GROEN

Dat swingt de pan uit!

Rafi woont bij zijn oma in Nederland, ver van zijn
vader en moeder vandaan. Soms begint hij zomaar te
trommelen. Op de tafel, op een koekblik, op een teken-
doos ... Dan denkt hij aan zijn vader die in een bandje
speelt. Als hij zacht roffelt, heeft Rafi heimwee. Als hij
hard trommelt, voelt hij zich beter.
Op een dag gaan andere kinderen meedoen: ze richten een
bandje op en bouwen hun eigen instrumenten. De vaders
en moeders zijn radeloos! Want waar zijn de pannen en
deksels, waar is de strijkplank en waar zijn de kwasten en
de fietspomp?

Met tekeningen van Helen van Vliet